张横渠传

马苏彬 ◎ 著

光明日报出版社

图书在版编目（CIP）数据

张横渠传 / 马苏彬著. ——北京：光明日报出版社，
2019.10
ISBN 978-7-5194-5275-9

Ⅰ.①张… Ⅱ.①马… Ⅲ.①张载（1020-1077）-
传记 Ⅳ.①B244.4

中国版本图书馆CIP数据核字（2019）第211784号

张横渠传
ZHANG HENGQU ZHUAN

著　　者：马苏彬	
责任编辑：庄　宁	责任校对：赵鸣鸣
封面设计：中尚图	责任印制：曹　净

出版发行：光明日报出版社
地　　址：北京市西城区永安路106号，100050
电　　话：010-63169890（咨询），63131930（邮购）
传　　真：010-63169890
网　　址：http://book.gmw.cn
E－m a i l：zhuangning@gmw.cn
法律顾问：北京德恒律师事务所龚柳方律师，电话：010-67019571

印　　刷：河北盛世彩捷印刷有限公司
装　　订：河北盛世彩捷印刷有限公司
本书如有破损、缺页、装订错误，请与本社联系调换

开　　本：145mm×210mm
字　　数：39千字　　　　印　　张：4
版　　次：2019年10月第1版　　印　　次：2019年10月第1次印刷
书　　号：ISBN 978-7-5194-5275-9
定　　价：49.00元

古道西风张三

本书作者

马苏彬，陕西省眉县人，1998年南下广东。中国民主同盟盟员，文化传播和品牌营销人，张载关学文化研究者。南澳大利亚大学MBA硕士学位。曾创建文化公司，并担任总裁一职。先后获得国家级葡萄酒品酒师及国家级白酒品酒师资格证。现为华南农业大学公关传播辅导专家、广东省酒类行业协会文化主笔、多家企业品牌战略顾问。近年来，致力于传统文化、地方文化的研究。2017年，其创作的七言歌行体古风长诗《张载关学新说》获第五届陕西省诗词大赛二等奖；2018年7月，担任"张载大讲堂"第五期主讲人；2018年起，开始创作文学作品《张横渠传》《酒人列传》《张载有话》，及家族史志《古城马门四百年》等多部著作。其中，《酒人说酒》一书已于2019年4月由中国文联出版社出版发行。

序言

　　宋代理学家、思想家、"关学"创始人张载（因其居住于陕西眉县横渠镇，后世尊称其为"横渠先生"，又作"张横渠"）的名字大家并不陌生。但若要解读横渠先生一生的作为，怕是多有人懵懵懂懂，一时之间不能说清。

　　对张载其人其事不甚了解的原因无非有二。

　　一是现有典籍文献多为先生理学思想的原文呈现或解读本，如《正蒙》《经学理窟》及《横渠易说》等，其中的"天体物不遗，犹仁体事无不在也""神而明之，存乎其人"，或者"上达反天理，下达徇人欲者与"等诸如此类的词汇章句如同梵语，对大众而言，在理解方面着实具有一定难度。

二是大家所寄望的《宋史·张载传》等史志书籍，多以张载生平活动轨迹为记述，读后只知其人"拜见了范仲淹""处理了明州狱案""回到横渠著书立说"这些生命历程，且言辞冰冷生硬，缺乏对跌宕起伏、波澜壮阔的历史风云背景的描摹。而其哲学观点和治世理念，如"气本论""民胞物与""崇德重礼""天人合一"等也并未得到充分体现。读者看后不能据此认为张载是一位思想家，反而感到其人是一位失意落魄的潦倒官员。如此一来，侧枝遮蔽了主干，边鼓代替了鼓芯，伟人成了常人，甚至成为不被理解之人。

这样的张载注定只能进入"专门的思想人"和"治世的栋梁者"所关注的范畴，而在群众心目中，张横渠不过就是古代的某名人，再往下问，八成会甩出一句："张载是谁和我有关系吗？"

鼓励文化自信的当下，若想弘扬张载文化，应先讲

好其人其事。

历史上的张载并非后人所认为的是"纯粹"的哲学家和思想家。除了在思想领域的巨大成就，他还是集政治、天文、兵术、医学、文学、农耕、水利等博学于一身的"几近全器之人"。如其在《老大》一诗中所云："六年无限诗书乐，一种难忘是本朝。"在情理相融的绝美诗风渲染下，其凌然豪迈、超脱旷达的治世理念亦跃然纸上。如此才情兼修者，又岂是"学术思想"和"历史纪要"所能尽述的？

窃以为，作为思想圣地的高光者，对于张载文化的解读及其传播内涵要能体现故事的传奇性，亦要注重情感方面的乐趣，形式更应通俗顺口，风格简洁明快，遣词造句刚柔并进，逻辑顺理成章，声律还需张弛有度，更重要的是要能体现"史中有事、事中有道、道中有理、理中有情、情中有圣"的场景感。毕竟，张载的伟大思想属于今天创造新生活的每一位中国人，我们需要了解张载那情理会通又风云激荡的壮丽人生。可这样的传记又该怎样呈现呢？

我想到了亦诗亦歌亦故事的"七言古风史诗体"，以此来讲述圣人张载传奇的一生，岂不妙哉？

《张横渠传》据此而出。该传以时间先后为序，以史实为形，以"关学"思想为神，共十二章节。为使读者从多个侧面了解张载的人生历程，本书还增设诗词外三篇、解读张载的文章两篇及史籍文献三篇，以飨观者，并取"古道西风一张子"为文楣，以表先生风范。

马苏彬

2019年9月12日 记于广州寓所

马苏彬 著

目录

壹 《张横渠传》之七言古风史诗体

【一】儒圣诞生　扶柩居郿

1020—1035年（0~15岁）

先生讳载字子厚，厚德载物源《周易》。

先祖张复仕真宗，集贤学士赠司空。

乃父张迪奉仁宗，宋庭内管殿中丞。

大梁一脉出儒圣，天禧四年生长安。

幼时聪颖具天资，此子冥冥有慧根。

勤奋精读启蒙早，卓尔不群少有志。

学于外傅受师喜，尊师重道有礼德。

异于常人显品格，张族恐非换门庭？

天圣元年星斗移，张迪外调赴巴蜀。

携妻挽子换舟船，初登涪陵为知州。

勤政为官朝野赞，爱民如子百姓乐。

积劳成疾涪州卒，一代廉吏驾鹤去。

家议归葬开封府，母携二子扶柩去。

此时张载十有五，幼弟张戬仅五冠。

巴山蜀水越秦岭，古道路遇武侯祠。

子厚动容诸葛风，家规《六有》书祠前。

由蜀入秦行路难，山路百转断崖阻。

治水大禹开褒斜，樊哙周勃修栈道。

木牛流马孔明造，南褒北斜五百里。

一线天开到郿坞，八百秦川览关中。

张横渠传

马苏彬 著

郿地本为后稷开，周公摄政铸大鼎。

战神白起居北塬，郿侯董卓修宫台。

张载扶柩过郿境，太白山下风光好。

资费不足前有兵，葬父大振居横渠。

【释义】

张载，字子厚，世称"横渠先生"，出身于官宦之家。祖父张复在宋真宗时官至给事中、集贤院学士，死后赠"司空"。父亲张迪在宋仁宗时官至殿中丞、知涪州事，赠"尚书都官郎中"。

宋真宗天禧四年（1020），张载出生于长安，其后在宋仁宗天圣元年（1023）随父张迪迁官四川涪州知州。宋仁宗景祐二年（1035）张迪病逝于涪州任上，母亲陆氏和十五岁的张载及五岁的弟弟张戬护送张迪的灵柩翻越秦巴山脉，准备将其遗体运回老家开封安葬。越巴山过汉水，穿越秦岭自褒斜古道而出，行至郿县横渠

镇大振谷，因前方发生兵乱，且资费不足无力前行，张载遂将父亲的灵柩安葬于横渠大振谷迷狐岭上，从此，全家也就定居于此。

张横渠传

马苏彬 著

【二】少年喜兵　范公指路

1035—1040年（15~21岁）

助母养弟少年郎，僻居横渠孝耕读。

为防虎豹和匪患，儒者张载习兵术。

鸡鸣三更剑出鞘，夜深寂寥研阵法。

张家儿郎勇名扬，四乡八里来结交。

关中古道有侠客，邠人焦寅江湖威。

胆气豪天张子厚，遍游秦地寻壮士。

一见如故喜相逢，义结金兰志趣投。

焦张二杰招子弟，排兵布阵演弓马。

北地契丹胡服射，五代趁乱建大辽。

西北鹰狼李元昊，借宋不顾立西夏。

战端不休辽夏恶，三足鼎立逼天朝。

割地赔款多谦让，宋廷顾此又失彼。

初时元昊铁蹄猛，弯刀闪闪宋军溃。

血染三川刘平亡，任福惨败好水川。

延州岌岌旦夕间，战火蔓延至鄜境。

子厚加紧练民团，保家卫国战辽夏。

宋有名臣范仲淹，文韬武略能治世。

天下之忧当为先，庆历新政朝纲换。

仁宗钦定范希文，统兵陕西众望归。

屯田久守为大计，边地开始狼烟短。

热血张载赴延州，求见经略击西夏。

《边议九条》显韬略，列阵民团慷而慨。

范公知其有远器，劝读《中庸》事道统。

一语点破梦中人，回归横渠究名教。

【释义】

宋时，横渠地处秦岭北麓，偏僻而荒芜。为了保护年幼的弟弟和身体羸弱的母亲不受狼虫虎豹的伤害，以及避免被打家劫舍的土匪所侵扰，年少张载便演习兵术，习武强身。逐渐，附近一带的青年后生都知道了大振谷口张家后生武艺超强，纷纷前来和张载结交。距离郿县不远的邠州（今陕西彬县）有位叫焦寅的江湖侠客，此人文韬武略，练得一身好武艺，而且行侠仗义，很受当时人们的推崇。张载听说后就主动结交焦寅。他跟着焦寅学习了很多排兵布阵的兵法谋略，在附近州县一时名声渐涨。

宋仁宗康定元年初（1040），西夏入侵。起初，党项人所向披靡，宋军节节败退，难以招架。郿县在关中西部，处在战火边缘地带。为保家卫国，张载联合焦寅组织民团演习对阵杀敌之术，准备与西夏军开战。这时，范仲淹被朝廷派到延州（延安）前线担任陕西经略安抚副使，主持西北军事防务。听到此消息后，二十一岁的张载浪是振奋，就骑快马去到延州前线拜见范仲淹。在延州军府，范仲淹召见了这位志趣不凡的儒生。张载表示要投军入伍，杀敌立功，带领民团收复洮西之地，为国家建功立业，并将自己精心撰写的《边议九条》呈现给范仲淹。张载的军事理论和从军热情受到了范仲淹的赞扬，认为他可成大器。同时，范仲淹断定张载可能在经学道统的研习上会有更大的发展，便劝其道："儒者自有名教可乐，何事于兵？"勉励他去读《中庸》，在儒学上下功夫。张载听从了范仲淹的劝告，返回郿县横渠老家，从此研读六经、《周易》等经典著作，逐渐走上了思想学术的道路。

马苏彬 著

【三】彷徨三家　道归孔孟

1040—1054年（21~35岁）

读罢《中庸》问成败，狗苟何以宋土失？

又阅《春秋》知国事，岁币岂满狼子心？

消极避让疆域丧，迂腐懦弱民生苦。

四书五经通览毕，不能填平胸中惑。

于是遍读佛老学，妄求从中得天理。

玄想虚空为释家，清谈无为是道论。

城头变换大王旗，两派心法轮坐庄。

愚民教化千年多，国乱民苦怎救世？

翻来覆去儒释道，究竟哪家为道统？

释老知天不知人，旧儒知人不知天。

茫茫太虚有生气，天人合一应为理。

笃定孔孟新儒学，誓言从中出真知。

此时范公御陇东，对夏用兵有斩获。

庆阳筑起大顺城，请来张载撰纪文。

保兵储粮做连壁，避敌徐图为久计。

江湖相望一世归，道济天下两大家。

先生家风学本源，以礼为教树榜样。

贤弟张戬先及第，蓝田大忠同登科。

新儒虽绝难解读，昏塞寂寥无有和。

三吕大钧拜首徒，横渠门户从此开。

潞公留驻京兆府，听闻横渠有盛名。

束帛延聘贤者礼，长安学宫士子矜。

自是张载声量高，四方怵起识关学。

孔孟之后有新儒，义理之学渐兴起。

【释义】

　　回到横渠的张载经过一番思索后，开始攻读《中庸》《论语》等书，一段时间后，感到不满意，又转读佛学、道家之书，几年后又觉得这些书籍都不能实现自己济世救民、报效国家的宏伟抱负，遂又回到儒家学说的研究上来。张载的为学思想之所以举棋不定，是因自东汉以来直到隋唐五代一千多年的时间里，中国的思想教育及政治体系基本都在佛、老思想轮回或交织的状态下反复遁回。佛、老两派倡导"知天不知人"的思想观，两者同属具有愚民性质的思想论理范畴，这样一来，就成了封建帝王及其统治阶层用来维护其政权稳固、盘剥人民的管理工具，造成国家弊端横生，整个社会处在混乱不堪、民不聊生的境况之中。而旧的儒家思想则提倡"知人不知天"的保守狭隘论,"忍让""畏缩"成为民众的习惯性动作。所以,宋初以开明皇帝赵匡胤为主导,诞生了一大批诸如孙复、石介、胡瑗及文彦博、范仲淹等具有客观现实积极倾向的思想家,他们也影响着青年张载的思想观。究竟从佛、老、儒三派之说中学习哪家之长,才能找到"为生民立命"的思想道统观,实现自己为"万世开太平"的宏大夙愿?这是该时期张载辗转踌躇的症结所在。

终于,在多年学习和反复思辨后,张载从多家学说中确立了以孔、孟儒学为主,以佛、老之学为辅的"天人合一"新儒学思想体系(理学)。

马苏彬 著

【四】虎皮讲易　进士及第

1054—1057年（35~38岁）

科举取士源自隋，完善发展唐五代。

赵宋规范有制度，三年一考四级选。

殿试登科前程绣，名门望族多倚此。

张门已据三进士，张复张迪和张戬。

仕途并非张载志，实学立心才是愿。

古时治世先为官，别路无选只此径。

经史子集累年读，文章已在横渠胸。

嘉祐元年赴京师，只待春来龙门开。

其时宰相文彦博，再请子厚来讲《易》。

相国寺前虎皮椅，横渠讲座脉络清。

"性理变化天地事，洞察预测则看人。"

一时观者如蚁聚，名噪汴梁声誉驰。

洛阳有儒二程子，实为张载两表侄。

慕名前来听易说，拜过先生再论经。

自认二程道行高，撤座罢讲去虎皮。

何事旁求弃旧学，《横渠易说》此时成。

嘉祐二年为豪考，是为科举龙虎榜。

各科取士八九九，进士及第三八七。

唐宋八家据其三，大宋宰相亦三人。

同门入榜九大族，《宋史》有传二十四。

马苏彬

著

思想巨子此时出，理宗各派齐抢眼。

洛学开派有程颢，蜀学新篇二苏写。

耀眼关学最上镜，不独宗师张子厚。

蓝田与叔吕大钧，一同登科入朝堂。

【释义】

　　起始于隋朝的科举制度是中国封建社会选拔人才、任命官员的一大进步和创新。延至北宋初期，考试内容有经义、策论及诗赋等。其中，经义部分考查的主要是考生对《诗经》《礼记》《论语》及《孟子》等儒学经典的运用情况。该时期的张载除了熟读孔孟经典外，还撰写了其哲学生涯中的第一本著作《横渠易说》。1056年冬，张载赴京师汴梁（河南开封）赶考。当年的科举考试堪称古代阵容豪华之最。就考官层面来讲，主考官为欧阳修，考官有卢士宗、张师中、张洞、梅尧臣、张唐民等当时知名的文豪显要。宋仁宗嘉祐二年（1057）新春科考后，被录取的进士科竟有三百多人，开隋唐以来进士招录的先河。其中各个领域的代表人物可说是群星璀璨，大都为当时名士，如苏轼、苏辙兄弟，邓绾，王韶，吕惠卿，林希，曾布，曾巩，章敦，章衡等，而理学一派"洛学"的代表人物程颢和"关学"创始人张载及其弟子吕大钧都在进士榜单之中。

在等待放榜之际，宰相文彦博对张载很是器重，邀请他在汴梁"坐虎皮椅"（一种尊贵的礼遇方式），讲解《易》，一时轰动京师。

马苏彬 著

【五】云岩县令　敦本善俗

1057—1065年（38~46岁）

新科进士受皇诏，赴任祁州马蹄疾。

冀中平原物产饶，盗恶诉讼案连连。

查案追赃究到底，惩恶治贪不徇私。

秉公执法浊变清，司法参军朝野赞。

德才双馨宋廷喜，调往云岩任县令，

宜川多为干旱地，沟壑纵横民贫蔽。

初时走马旬月余，问清民情知疾苦。

民生民命是初衷，敦本善俗为治策。

壹　《张横渠传》之七言古风史诗体

初一县衙聚父老，以礼为教询乡情。

薄酒素餐表爱戴，崇德重礼做垂范。

带回官府约法事，躬行礼教率先为。

市井田陌小儿知，务实崇真人人喜。

经年治理卓有效，一片蓝图云岩兴。

无奈诏令命回朝，著作佐郎为新职。

十里官路万民拜，箪食壶浆送张公。

爱民如子张横渠，民胞物与显政德。

明道先生本载侄，户县主薄为时任。

二儒皆有道统心，鸿雁传书论定性。

伯淳质疑儒家理：心性修养何不累？

子厚从容解孔孟：定性还需定心功。

此时先生道义精，学思哲理为人仰。

不独大钧广为播，大儒弟子正酝酿。

嘉祐六年大临第，舜民师雄乙巳续。

一代宗师欲破土，遍地绿茵待追随。

【释义】

科举取得进士后，张载被朝廷诏令派往祁州（今河北安国市）担任司法参军，负责当地案件审问、查案追赃、监狱管理等司法主管。由于秉公执法合理断案，初登官场的张载赢得了不俗的口碑，因此得到朝廷提升，被派往丹州云岩（今陕西宜川境内）担任县令。张载在云岩推行德政，以"敦本善俗"为先，务实求真尊重当地民俗民风，以身作则尊老爱幼。并立下敬老规矩，每月初一将县内长老（有威望的老人）请到县衙内，先了解各个地方的诉讼及民间疾苦，询问大家对政府管理的意见，命令县衙的人将这些意见及情况准确地记录下来并及时查办。然后再安排饭食和酒菜招待这些老人，吃饭时也会将官府的命令及新的管理要求知会长老们，所以当他们回到各自的住地后，县里的告示即便是不识字的儿童也都会传遍了各个村镇。张载还将其研修的"以礼为教、崇德重礼、民胞物与"这些理学思想观，在治理云岩的过程中以"经世致用"的方法进行实际践行，以此对他所推崇的道统观（关学）进行了验证和研究。张载担任县令数年，一度使云岩达到了政治清明生活富足礼德盛行的境况。所以后来在被朝廷调离云岩回朝担任著作佐郎时，县内父老乡亲早早就提着酒菜篮子赶到路边，拦住张载骑的马，甚至跪在地上央求张载留下。

这个阶段，不仅是张载最被称道的为官生涯，还是他积极进行理学体系探讨的重要时期。比如，他与表侄程颢通过书信的方式探讨儒家心性修养过程中，如何不受外物所累而定性的问题（简称"定性"功夫）。一花独艳绿叶配，在张载仕途有为思想盛开之际，他未来的弟子们诸如吕大临、张舜民、游师雄等已张开羽翼，即将和其师张载合体。

【六】当学尧舜　经略治边

1065—1068年（46~49岁）

张载德高多贵人，范公之外文彦博。

讲学关中授天道，恰逢仆射巡西北。

再次受邀潞国公，开坛长安恸三秦。

学界深信横渠说，关西一人此时立。

来年论学京兆府，王公乐道邀讲学。

郡学本是官府办，进士及第大道简。

横渠却教弃科举，实学治国才是本。

言必尧舜为榜样，语罢从者即席拜。

西去渭州抗党项，军事判官担大任。

方阵韬略将到位，尤为蔡帅所叹服。

兵法战术事俱细，一律咨询张军判。

帅府事务无大小，子厚兢业有头绪。

边地复杂多掣肘，建议蔡帅罢戍兵。

招募西人做换防，熟悉地理知敌情。

推广军民大联合，训练作战共御寇。

大灾之年取军资，救济万民渡艰难。

少时横渠多方略，范公认定有远器。

时逢西夏谅祚死，便代蔡挺撰奏章。

谏言宋廷不乘危，显我天国有威仪。

又论西人多奸猾，须按前议归大统。

治边还需实战功，张子兵术业已精。

遂给蔡帅筹谋划，攻防合击面面俱。

汇总战术撰成册，择帅布阵《兵将法》。

渭州一任胜良将，军事思想耀宋史。

【释义】

当时，权高位重的文彦博已被朝廷封为潞国公，并派往西北巡视军事防务驻留长安。文彦博一生品行高洁注重气节，对同具风范的张载尤为器重。而张载此时也在关中一带讲学，文彦博遂派人再次请他来长安讲学。张载不负厚望，长安讲学不仅让人们对其学说敬仰不已，也奠定了其"关西夫子"的思想学术地位。在长安期间，他又受到时任京兆尹王乐道的盛邀，到长安郡学（宋时官办的省级学校）给学生们讲课。到了京兆郡学，他从容地对前来学习的人说："谁能够放下科举考试的念头，多学习实学和治国防边大事，追求圣人尧、舜（那样）的境界？"学习的人听到后，纷纷效法他的话，也多有人跟随他学习义理之学（理学）。

　　之后，张载受诏离开陕西来到甘肃渭州（今平凉市），就任签书渭州军事判官一职，协助州长官处理行政、军事及调度等工作。当时的环庆路经略使统帅蔡挺很认可张载的军事才能，一些重要的军事部署都要征求他的意见，帅府中的很多事务也交给他办理。张载曾说服蔡挺在大灾之年取出军备物资救济灾民，又建议推广军民联合训练作战，提出罢除戍兵（中央军），招募当地人换防等主张。这些建议大都被蔡挺认可并实施。此外，张载还撰写了《经原路经略司论边事状》《经略司蔡帅边事划一》和《兵将法》等军事著作，展现了其卓越的军事组织才能。

【七】绿野论气　朝堂铿锵

1068—1069年（49~50岁）

武功主簿张山甫，敬仰横渠多学说。

邀请先生来讲学，四方聆听绿野亭。

"太虚即气"首开讲，阴阳交感有万物。

聚则为气散归源，聚散变换客形耳。

观者不解何为气，载答万物皆有命。

再问太虚哪般物，宇宙本源聚散处。

满座皆服"气本论"，关学自此有心法。

起席躬身施圣礼，张门弟子纷沓来。

熙宁二年吕公荐，赴京上朝觐见帝。

学识渊博弟子多，羡煞君王询国策。

"礼制缘起夏商周，渐复三代当为法。"

神宗赞称胜邢恕，崇文校书候大用。

初时岁币乞辽夏，积贫积弱宋国困。

中叶崛起王安石，参知政事行变法。

新法举措十四条，保国安民初衷好。

但因用人有偏颇，施行不久弊端生。

张载朝堂语帝时，适逢安石忧徘徊。

参政召对横渠问：新法梗阻子可助？

载曰贤良本公用，与人为善方能尽。

荆公默然心不悦，自此种下怨恨根。

马苏彬 著

此间论学未耽搁，程颐书信论修养：

"虚无即气苦心象，气完神定理才正？"

"万物聚气犹冰释，非空非无有客感！"

程子顿解张子意，太虚即气本体定。

【释义】

陕西武功县主簿张山甫是张载的好友，对其理学思想尤为认同，二人经常有书信往来。熙宁元年（1068），张载还在渭州军事判官任上，接到张山甫的邀请，讲学于武功绿野亭。这时，张载的学识、品德、声誉等已广为人知并被称颂。这次，张载主讲的内容是当时理学界核心命题之一——太虚即气（又称"气本论"），因此，关中一带的仕子学人听说后，纷纷来此听讲。讲学获得了广泛的好评，引发了极大的影响。张载所贯彻的儒家新思想、新观点很快传遍各地，绿野亭也由此名声大震，后改为"绿野书院"，以表对张载的敬仰和纪念。而这次讲学也使张载门下弟子纷至沓来，吕大临、苏晒、游师雄、张舜民等都在此阶段拜张载为师。

"绿野亭"讲学后的第二年，即熙宁二年（1069），御史中丞吕公著上书宋神宗赵顼，说张载学识渊博、弟子众多，可以下诏请其来朝供职。于是，宋神宗诏令张载至汴梁。神宗问及治国理政对策时，张载都以"为政不以三代为法者，终苟道也"为对应。神宗听后很是满意，遂任命张载为崇文院校书。张载因刚到京师，没有立即上任。这时，王安石变法在即，很想重用他，就请张载协助他进行新法的推行，但遭到张载的婉拒。这件事让王安石对张载心怀不满。这次来京师，张载还和"洛学"创始人之一的程颐就"修养功夫"进行了深入探讨，使得张载的"太虚即气"思想体系基本趋于完整。

马苏彬 著

【八】明州断案　狱成辞官

1069—1070年（50~51岁）

昔日介甫同无择，银台司内逢馈赠。

安石母忧资悬梁，祖公份银却公用。

不料此事种祸根，参政寻机欲织罪。

恰逢明州苗振案，狱事牵连祖无择。

子韶小人为逢迎，便捕无择狱秀州。

苏颂进言事不妥，御史张戬也请免。

一朝忠言均不听，继续审查祖无择。

安石低语示子韶：明州断案须张载。

程颢洞悉载不适，上书《乞留张载状》。

言称横渠通经德，优礼贤俊不善刑。

参政冷笑反诘问：皋陶献囚庸何伤？

事已至此便受命，朔风冷舟涉明州。

抽丝剥茧细审查，澄清无择狱事屈。

仅贷官钱济部曲，另送小酒三百瓶。

上判无择佐节度，不久再复光禄卿。

罚罪苗振团练副，明州狱案终落成。

三月回京呈报毕，弟子范育荐于朝。

待等上命派差办，间隙与徒论道学。

一论游魂述鬼神，知性知天胜异端。

二论道问和德行，道问终究归德行。

熙宁新法遭民愤，苛税砍手千人访。

胞弟张戬质安石：参政用事天下笑！

被黜汴梁贬公安，新旧党斗至此始。

这厢张载顿不安，托病辞官归横渠。

【释义】

　　话说王安石当初在银台司和祖无择一同做下达及解释皇帝诏令的工作，其间，下属赠送"润笔费"。恰逢王安石母亲去世，王将"润笔费"悬挂在大梁上，而祖无择则将自己那份视为银台司的日常办公用度。这件事让王安石对祖无择甚为不满，执政后便暗示下属王子韶寻机整治祖无择。不久，有人状告浙江明州（今宁波）知州苗振贪污受贿。在审理苗振的过程中，牵扯到当时已官至杭州知州的祖无择。此事被欲讨好王安石的王子韶（负责该案）获知，即刻将祖无择拘禁到秀州监狱，进行审问。而苏颂、张戬等当朝官员认为祖无择无罪，都为其上书开脱，请求释放。但王子韶并未理会，上报王安石准备重新派人审查祖无择。恰逢此时，张载因言语诲罪了王安石，便找了个借口派其去明州审理祖无择一案。

尽管程颢上书朝廷请求张载留在朝廷，并作《乞留张载书》，依然无法阻止王安石的执念。还好，张载前去明州半年后就顺利完结了案件审理，证明祖无择无罪，而且证据确凿，至此，明州狱案到此告终。但当张载回朝交付王命时，又碰到担任监察御史里行的弟弟张戬因反对王安石变法而上书神宗《论新法奏》，以此获罪王安石，被贬官排挤到江陵府公安县。正在等待神宗任命的张载见状，内心顿感不安，便托病辞官。

长黄长专

马苏彬 著

【九】俯读仰思　道统终成

1070—1073年（51~54岁）

关中腹地有横渠，太白嵯峨渭水湟。

藏书讲经崇寿院，成为张载道统地。

危坐一室游太虚，左右简编问周礼。

仰思俯读究孔孟，中夜坐起悟义理。

佛老千年为君王，孔孟有识难践行。

天下生民祸泱泱，横渠决意构新儒。

以《易》为宗开混沌，《中庸》为纲明心智。

以《礼》为本有人伦，孔孟为法做典章。

立心立命知天道，太虚即气为开端。

一物两体辩证法，人性解读有二元。

民胞物与亲民观，感性理性认识论。

天理人欲性善说，思想创变成道统。

继绝治平有礼德，崇德重礼行必先。

躬行礼教须以身，知礼成性方开智。

格物致知出真理，明心见性得本心。

经世致用生民安，天下中国一字统。

既得天道和礼德，关学本体终构成。

东西南北学子涌，横渠一地成圣门。

先与李复讲宗法，大钧范育论保甲。

书寄大防辩神鬼，又致蔡挺议国事。

为求真知有真得，门墙两侧做警句。

精思慎行为《东铭》，乾父坤母做《西铭》。

博闻强记知洪范，旷古绝识传弟子。

世之宏才天道勤，圣人复起子张子。

【释义】

横渠为关中腹地，宋时属凤翔府郿县辖。镇中有崇寿院（元代兴建横渠书院），为古时讲学、藏书、议事之地。院内古木参天，环境幽静，多有仕子学人来此研经论道。张载少年时曾在此院读书学习，辞官回到横渠后，便归居崇寿院研读典籍，思考治世方略救民之策。其居住的房子不大，内设及其简陋，却堆满了书籍。张载每天端端正正坐在屋内，认真研读典籍，从字里行间寻找关键语句，在每篇文章里挖掘义理和方向。有时，他抬头望着窗外或在院内来回踱步时，脑子里都在不停进行着思考和总结。经过数年的长期研究，张载基本上形成了自己对孔孟儒学独特的见解和道济天下的唯物思想观。这些思想在其看来主要由两大部分构成，一是天道理论，二是礼德教化。具体到思想概念和命题观点的体现，则有气本论、一物两体、人性二元论、民胞物与、明心见性、格物致知、天人合一，以及礼德观方面的敦本善俗、崇德重礼、以礼为教、知礼成性、学古力行、持身立节、躬行礼教，等等。

此时，四方有识之士纷纷来到横渠，拜张载为师学习理学，一时门庭若市，络绎不绝。张载给学生们树立"轻科举，重实学"的新儒学理念，倡导学生用"力学求知、经世致用"的观点来实现自我价值和社会价值。因张载及其讲学论道的地方在关中一地，且张载所建立的理学体系和世界观不同于同期的周敦颐（濂学）、邵雍（算学）和"二程"（洛学），后世便将张载所创设的理学派系称作"关中理学"，简称"关学"，而"横渠先生"也成了张载的别号和尊称。

这个阶段是张载及其关学思想的高光发展时期。

马苏彬 著

【十】殚精竭虑　践行大同

1073—1076年（54~57岁）

其时天朝纵私田，圈地夺丁民无耕。

天下大同何所依？张子笃志验井田。

联手挚友购地块，横渠午井和子午。

划地为井交民耕，八水绕田今有名。

礼乐训导周公开，但行郡县难到乡。

树规立训建章法，《六有》《十戒》和《女戒》。

祭祀族议必有节，躬行礼教做榜样。

弟子大钧继师后，《吕氏乡约》冠中华。

古来关中重教化，传至宋时已无度。

横渠治丧披衰麻，至此家祭有哀容。

洒扫纳酱养孙弟，简衣粗食身先为。

德盛貌严久而亲，轻言重行邻里敬。

归居并非只成仁，教育创变费心力。

胎教首倡张横渠，并制学习三年期。

育人术技重策略，正反撞钟时雨法。

科举并非圣贤经，实学治世做尧舜。

横渠北向扶风塬，古刹徒众贤山寺。

先生在此耕井田，《经学理窟》彼时成。

心系苍生怀天下，年老无奈《老大吟》：

"六年无限诗书乐，一种难忘是本朝。"

熙宁九年春三月，忽报昆弟天祺卒。

肝胆欲裂泪如雨，手足缺一岂独行？

啼血落成《墓志铭》，亲葬张戬父茔右。

渭水潇潇春秋快，自是先生心力瘁。

【释义】

　　为使自己的关学理论和治世思想得到验证，张载决心将自己多年研究的心得进行变现（孵化），从中得出结论。首先，要建立一个人人有田可耕，按田块多少缴纳赋税，以使民众安居乐业，达到天下大同的太平盛世，就需要恢复夏、商、周三代时期的井田制，使得农民拥有自己的耕地。于是，张载联合了一些朋友，在眉县横渠镇、扶风五井镇、长安县子午镇等地方购买田地，将其划分成"井"字形，交给当地农民耕种。其次，对于一生崇尚"礼德教化"的张载来讲，此时回归故里正是实现其"尊孔崇孟，奉礼为教"的教育理念。张载所住的横渠也是礼德教化的发祥地核心，不仅民风淳厚，更是礼德之乡。周文王姬昌、周公姬旦、汉代经学家马融等都是该文化圈的先贤，而南朝儒、释、道三派合一的经学家马枢的老家古城村，就在张载讲学的崇寿院旁边。如此礼德之地，教化育人的宏大夙愿岂能坐失？再者，为将夏、商、周三代之礼施行下去，张载以身作则在自己的宗族和乡邻中推行《六有》《十戒》这样的家规家训，以宗法制度协助官府进行下探式管理。在张载家规、家训的影响下，学生吕大钧也完成了《吕氏乡约》，成为中国封建社会第一部民间的制度化乡约典籍。身体力行之中，张载还要求家中成员在大灾之年简衣粗饭，力行"饿殍满野，吾蔬食且自愧，又安忍有择乎"。

　　宋神宗熙宁十年初（1077），正在张载殚精竭虑、全力以赴将道统理想得以深入实施，并不断向前推进时，其弟张戬却病发身亡。突然的打击令张载悲恸欲绝，肝胆俱裂。悲伤中，张载疾笔亲撰《张天祺墓志铭》，以表对其弟张戬一生的追思。

【十一】《正蒙》修成 二次受诏

1076—1077年（57~58岁）

太白山下秋来早，虽无风雨也起霜。

感弟天祺识葬礼，《弟戬丧服纂要》成。

忽有一夜感异梦，惊起孤坐久惆怅。

晨唤门人卧榻前，《正蒙》手稿嘱成书。

一众弟子即编撰，手书校订苏季明。

分门别类梳条理，篇次章句效"四书"。

是年隆冬精要完，关学大典终修成。

呈送张子阅审毕，便传门人先睹快。

凤帅汲公荐神宗：载善复古圣人礼。

诏令传子赴京师，虽病不惧再出仕。

同知太常做礼官，治世理想许能成？

遗憾官长意不合，再次挂印致仕去。

五子其一邵康节，理宗开山精算学。

此时汴梁疾正紧，司马伯淳与子陪。

医道命理横渠知，便问邵雍信命乎？

答曰知天不知人，自此理宗失一臂！

葬毕康节归横渠，途过洛阳"二程"留。

三子论学传佳话，《洛阳议论》苏昞录。

推行新法议井田，穷理尽性义有序。

以礼为教渐成俗，龙女衣冠论古制。

揖别"二程"继西行，关学义理留汴洛。

皇城渐远故人少，立心立命天不昧。

彼时冬月雪纷纷，秦川汉关白茫茫。

敢问伶仃有酒陪？古道西风一张子。

【释义】

张戬去世后，张载情感受到重创，加之本身患有肺病，健康每况愈下。在此情况下，他还是亲力亲为，将张戬平时关于丧葬礼仪的典籍、叙论编辑整理成《弟戬丧服纂要》一书。宋神宗熙宁九年（1076）的一天晚上，身在横渠书院的张载忽然做了一个奇怪的梦。第二天起床后，他即刻唤来苏昞、李复等弟子，将其多年来的理学讲义书稿拿出，说道："此书予历年致思之所得，而吾将有待于学者，正如老禾之株，枝别故乡，所少者润泽华叶尔。"其后，弟子们尽快行动起来，由苏昞主笔编撰，其他弟子协助，在这年冬季，将《正蒙》一书十七篇整理编撰完毕。苏昞等人将其交给老师审阅确认后，此书便在弟子门人中小范围传阅。

宋神宗熙宁十年（1077），张载五十八岁。秦凤路军事统帅吕大防向朝廷举荐张载："载善法圣人之遗意，其本略可指之复古。"于是，宋神宗再度下诏召张载至京都，授以同知太常礼院的礼官一职。张载于该年三月到达京师汴梁上任。但复出不久后，他就感到很多礼乐建议及观点都得不到礼院官长的支持认可，加之此时肺疾加剧，郁闷之下再次辞去礼院官职。

停留汴梁期间，适逢另一位理学创始人、好友邵雍病重并处于弥留之际，于是，张载便同司马光、程颢等人日夜轮流守候陪伴在其病榻前。张载懂医道并擅长相术命理，便问邵雍是否相信命运，邵雍答曰"只知天命而不知人命"，不久便去世了。安葬完邵雍后，张载动身启程回归老家横渠。经过洛阳时，他受"二程"邀请留居其家，探讨理学道统问题，这次探讨的方向主要是上古礼制问题。三人的思想要素及语录被随行的弟子苏昞整理编撰成《洛阳议论》，这也是张载一生最后的思想纪要。

【十二】神归横渠　关学不绝

1077年（58岁）

骊山之下名临潼，历来王气在此升。

横渠沐浴宿馆驿，晨旦却见已仙逝。

囊中索然棺椁薄，宋京悲告长安城。

弟子恸哭奔临潼，入殓扶枢归横渠。

程颢作诗哭子厚，司马又哀张夫子。

横渠行状与叔撰，张子墓表汲公书。

翰林许将上奏疏，宋庭抚恤丧费半。

熙宁十一有三月，古礼安葬迷狐岭。

父子三贤有华表，宋代儒宗史书载。

其后妻子归南阳，张氏遗脉播中华。

南宋宁宗赐谥"献"，理宗继后封"郿伯"。

横渠书院元明修，"学达性天"康熙撰。

儒宗虽去关学续，弟子各有声名功。

蓝田三吕入程门，关洛融合理宗旺。

苏昞范育修《正蒙》，天下遍知气本论。

李复舜民游师雄，关学旗手担大任。

元朝圣学再接龙，恭懿父子携同恕。

大明吕柟又马理，邦奇大吉从吾续。

清代亚宗王夫之，关中三李王孙贺。

民国牛于儒名威，友兰遍传横渠句。

马苏彬 著

马列思想进神州，传统儒学发新枝。

复兴路上关学盛，文化自信有四为。

小康托起升平世，大同再造太平界。

尧舜禹汤文武周，张子独爱大中国。

【释义】

宋神宗熙宁十年冬（1077），张载告别"二程"西行归郿，行至京兆（西安）临潼，夜宿馆舍，沐浴后便上床就寝。第二天早晨，随行的外甥宋京多次叫门无应，开门后却发现张载已去世多时，享年五十八岁。张载去世时没有过多的钱财傍身，连置办棺椁都成问题。宋京当即"哭告长安弟子"，吕大临、苏昞、范育等学生哭奔至临潼，购置棺椁，将其师成殓，其后，朝廷颁诏派赠一半费用作为葬礼抚恤。

张载去世后，各界名士纷纷悼念：

程颢作诗《哭张子厚先生》，吕大临撰写《横渠先生行状》，司马光作《又哀横渠先生诗》，吕大防撰《横渠墓表》。

张载依古礼于次年（1078）三月下葬于故乡郿县横渠镇大振谷迷狐岭父亲张迪墓的左侧，与其弟张戬南北相望。至此，张氏一门两代三儒都回归横渠，完成了最终的际遇。

宋宁宗嘉定十六年（1223），张载被赐谥"献"。

宋理宗淳祐元年（1241），张载被赐谥"郿伯"，并配飨孔庙，为先儒。

元泰定帝泰定四年（1327）七月，横渠书院兴建。

明崇祯十五年（1642），张载被敕封为孔庙西芜三十八位，晋级为先贤。

清康熙二十五年（1686），清帝玄烨亲书"学达性天"牌匾赐横渠书院。

宋亡后，关学历代不衰，元代有杨天德、杨恭懿父子继，明朝有马理、吕柟、韩邦奇、冯从吾等继，明末更有关学亚宗王夫之崛起，至清有李颙、李柏、李因笃、王心敬、贺瑞麟、牛兆濂等接续。

民国时，哲学家冯友兰更将张子语录"为天地立心，为生民立民，为注圣继绝学，为万世开太平"称为

"横渠四句"。

　　至今日，盛世路上，道统不息，关学不绝，张子思想永存！

贰 《张横渠传》之诗词外三篇

一、张载关学新说 [1]

——礼动三秦筑梦中国

孔子开派创儒学，教民开化王道兴。

仁义礼智信为理，温良恭谦让为行。

秦汉魏晋南北朝，隋唐五代儒学衰。

道释二家挟天下，王朝更迭生民苦。

宋祖开国道统移，尊孔崇儒倡理学。

周张"二程"朱五家，濂洛关闽四大派。

汴梁张载徙横渠，扶柩葬父孝耕读。

《边议九条》志在兵，范公点化转名教。

---

[1] 本文为 2017 年陕西省第五届原创诗词大赛二等奖获奖作品。

延州归鄜信佛老，终究笃定是孔孟。

俯读仰思新儒学，横渠易说学术立。

虎皮椅上说周易，名噪汴京"二程"访。

三十八岁进士第，苏轼苏辙同登科。

治理云岩重疾苦，明州狱案反腐威。

昆弟张戬犯安石，避祸去仕居横渠。

著书立说崇寿院，西铭东铭圣学出。

天下中国一字统，关学体系始构成。

《中庸》为体《易》为宗，崇德重礼儒学新。

太虚即气宇宙观，一物两体辩证法。

知礼成性可举业，躬行礼教重实践。

《六有》《十戒》建乡规，横渠八水验井田。

熙宁十年复入朝，坚守礼教病罢官。

论学"二程"洛阳途，五十又八临潼卒。

孔孟之后有新儒，理宗开派气象高。

知人知天谁言善？张载关学气本论。

其后关学道统续，金元明清朝官修。

不独船山继绝学，吕马韩冯和"三李"。

民主革命群贤起，大儒精神继开来。

新生中华唯物论，"四为"思想看世界。

崇尚文明礼开端，从来关中书香浓。

修齐治平国世隆，全面小康三秦先。

践行核心价值观，砥砺奋进有舵手。

国粹关学举重器，齐力复兴中华梦！

【释义】

丁酉（2017）七月回乡，携家人及广东来的朋友参观横渠张载祠及书院。祠内，仿宋古建错落有致，骨干强劲，儒风雅韵，蔚为壮观！本欲为家人朋友粗浅随意解读张载生平及关学概要，不想，却被围观游客央求也给他们做讲解，于是，斗胆做了一回讲解员。讲解后，游客中提及问题最多的是：何为关学？儒学、理学、关学，三者是何关系？宗师张载都研究了哪些哲学观点？关学解决了哪些社会问题？在经济发展的当下，关学思想是否还有存在之价值？

时值陕西省第五届原创诗词大赛及"尚文明礼·书香三秦"阅读文化节，基于此，2017年10月10日，我从文化传承和社会应用的角度，以时间为形、史事为神，以朗朗上口、通俗易懂的七言歌行体形式解读了以上一系列有涉关学的文思题意，命名为《张载关学新说》，以飨观者。

谨此为是。

二、永遇乐·思张载（外一首）

北宋五子，理宗开派张载独秀。

濂洛关闽，各表一枝横渠有四为。

仰读俯思，著书立说，八百弟子唱和。

关山越，博古贯今，天人合一济世。

气一元论，空前绝后，忧患民命民生。

崇德重礼，经世致用，创变教育路。

熙宁十年，病殁临潼，恸哭响彻秦中。

大儒去、社稷忧思，又少一人！

2018年7月28日

农历戊戌年六月十六于国际关学年会有感

【释义】

　　值此"国际张子年会"开幕之际，应眉县前政协主席卢文远之邀，余欣然前注。在碑刻林立、雕梁画栋、古柏森森间，参拜张载真像，感念情怀蓦然而生。想先生一生立心立命，以天下为己任，为万世开太平；慈心善念，铁肩道义，功德彪炳千秋，福祉泽披后世。动容之下遂作《永遇乐·思张载》，以寄德表。

三、夜宿公安县怀张戬（外二首）

横渠祠中君不在，汴梁城中有佳话。

贬黜公安看野云，迷狐岭上书耿介。

初为南山扶柩子，武侯庙前有张戬。

耕读有道度不凡，横渠读书弟陪侍。

当年盛宋唯才举，二张前后进士第。

横渠入榜三十八，不凡张戬二十三。

法理学案胸若谷，监察御史风头劲。

秉公执法为天下，敢言安石乱法度。

介甫气度终不及，贬走张戬赴荆襄。

散尽人心慌四野，贤良鼎臣落天涯。

四十七年绝人寰，只恨人间不落雨。

谁言宋家缺忠骨？一片愁云未散尽。

农历丁酉年闰六月二十九夜于湖北公安县

【释义】

横渠弟子张戬乡人马苏彬携家自秦返粤途中，夜宿湖北公安县，有感张戬贬官落难此地。

长黄晟专

马苏彬　著

叁　这样读张载

一、全器张载

　　张载是怎样一个人？这一直是后世困惑于关学和传统文化爱好者的好奇之所在。就宽泛而宏大的思想学术领域而言，我们将张载赞誉为宋明理学的奠基者、关学创始人、中国古代杰出的朴素唯物主义思想者等，是对先贤的肯定和褒奖。但一个人立身立世，势必要凭借自身的生存特色，也就是现代人统称的"职业技能"来立足社会成就具有"卖点"的自我。就其一生的作为和成就而言，我们说张载是思想家（哲学）、教育家、自然科学家（天象）和军事家，这是官方和历史的总结，也是我们看得见的张载。可这样的

叁　这样读张载

065

张载，毕竟是后人通过归纳总结，依据先生获得的最高声誉而戴在他头上的一顶桂冠。其实，经历人生种种磨难、命运多舛的张载，并非仅限这样"高大上"式的描述，洞穿历史，我们将发现一个鲜活、接地气、朴实而平凡的，甚至带有农民气息的理学达人，这才是张载最真实的形象。

宋神宗熙宁九年（1076），张载胞弟张戬死后，在吕大临为其所作的《张御史行状》一文中，有托张载语"吾弟全器也"的记载。张载这样评价弟弟的修为和成就，可见，张戬是多么的"完美"。但同时，这句话也反映出张载本人对"全器"的向往和追求。事实上，生活中的张载除了思想家、教育家、自然科学家、军事家的标签外，还在政治、命理、医术、文学领域都有不俗的成就，甚至说他是一位"农耕师"也不

长黄昙专

马苏彬 著

为过。

古往今来，对张载的解读中最不完善，也最不应该缺失的就是先生的"为官从政生涯"，以至于很多人以为张载就是一位民间思想大儒，除此之外别无有二。宋仁宗嘉祐二年（1057），三十八岁的张载通过科举获得进士资格，其后就一路担任祁州（河北安国市）司法参军、云岩知县（陕西宜川市境内）、著作佐郎、渭州（甘肃平凉）军事判官、崇文院校书，直到生命最后的任职——太常礼院。其间，三次外仕任职、两次京官及两次辞官，还经历了一生官场风云诡异的"明州狱案"及充斥其道统形成和官运多变的政治改良运动——"熙宁变法"。可以说，张载在起起落落中沉浮官场十三个春秋。这样的"官运"，虽不甚显赫，却是张载一生最为难得的生命历程，他的许多天道论思想和礼德教育观正是在这个为官阶段得以研究，并进行论证践行的。历史表明，中国古代的思想家绝大多数是要具备官方出身或背景的，否则，其学术道统和治世理念很难得到时人认可，更不要说追随了。纯粹的"布衣大儒"在生前很难成名及得到认可，只有历经时代洗礼，才可能会被后浪从泥沙中托举而出。张载显然是在仕宦中得到了锤炼和体现。而这样的"政治命运"无疑是造就张载及其关学思想光耀世人的有力保障。

宋神宗熙宁十年（1077），张载二次受诏回到汴梁担任礼官期间，适逢"北宋五子"之一的好友邵雍病重。在陪同弥留之际的邵雍时，据《二程集》之邵伯温《邵氏见闻录》有这样的记载："子厚知医，亦喜谈命，诊康节脉曰：'先生

之疾无虑。’又曰：‘颇信命否？’”这段在邵雍生命的最后时刻与张载的谈话，竟以张载的"知医"和"喜谈命"进行了记载，这可说是张载在思想学术之外的另外一面。张载到底能否看病，史料中并未做更多的记载及解读，但有两点可以辅助参考，一是张载老家横渠大振谷口是位于秦岭主峰太白山侧翼的莲花山，此山本属太白山系，而太白山自古以来就是各种天然药材的集中地，常见的天麻、党参、白术、牛膝、马齿苋、大麻药等漫山遍野随处可见，药材资源的丰富也催生及吸引了诸如孙思邈、王焘（眉县人）等历代名医来此寻药，久而久之，此地行医治病之人就多了起来，而对生活在山中的张载来说，懂一些病理及治病的医术也在常理之中。二是张载自身也是多年罹患肺疾，正可谓"久病成医"，自己亦能掌握一些医病的方法。因而说张载"知医",这是符合其所处生活环境和自身特殊状况的。至于"喜谈命"一说就更好理解了。古代善于相命算卦者都是怎样的人？显而易见,懂得《周易》《易说》之类的人多少具备"谈命"的资质,而张载在《易》上的研究和作为不是一般人所能比拟的,其早年就是从《易》的研究开始走上学术之路的。1056年,在汴梁相国寺坐"虎皮椅"讲《易》曾经引发万人空巷的盛况,且他的第一本著作就是和《易》密切相关的《横渠易说》,如此精通"易学",岂能不"喜谈命"？这样一来,"知医"和"喜谈命"就成了张载信手拈来的才艺。

在对张载的认识上,很多人一直冠其以"思想深奥""生活单调""太过理性"的标签,甚至

有人具其"终日危坐一室，左右简编，俯而读仰而思"，认为他情感"生硬"，远离世俗的生活圈。其实，这样的看法是大错特错的。生活中的张载不仅精研熟读、长于思考，还是一位情感及文学修养极其丰富的达人。从史料中可知，张载创作的诗歌多达二十多篇（部分散佚），其中著名的有《芭蕉》一诗，如是写道："芭蕉心尽展新枝，新卷新心暗已随。愿学新心养新德，旋随新叶起新知。"此诗不仅哲理深厚，意味蕴藏丰富，而且格式平仄，押韵有致，足以显现先生的才思情感。另外一首《老大》则这样写道："老大心思久退消，倒巾终日面岧峣。六年无限诗书乐，一种难忘是本朝。"将诗人的情怀失落和雄心壮志一起抒发出来，可谓忧而不闷、退而不废，体现出作者忧思为民、心怀天下的远大抱

负。在其弟张戬亡后，张载所写的《张天祺墓志
铭》中，如此写道："博士韦戬，世家东都，策
名入仕，历中外二十四年。立朝莅官，才德美
厚，未试百一，而天下耸闻乐从，莫不以公辅期
许。率己仲尼，践修庄笃，虽孔门高弟，有所后
先。"款款文辞章句尽显张载文思才情，让人读
来莫不为张戬一生的功德和品行而翘起拇指。张
载的文学高度一定要和其博大的思想道统结合起
来，否则，不能体现他的圣者风范，而为历代所
给予赞誉的"四为"短句，即"为天地立心，为
生民立命，为往圣继绝学，为万世开太平"则是
一代宗师文学精髓的最高展现。

如果认为上面这些经历还是关于张载思想文
化的部分，并未脱离士大夫生活圈子的话，那
么，他的另一种生存现状必会让人将他和"农

民"联系起来。而这位"农民"干的农活就是"井田试验"。据史料载,张载为使自己"耕者有其田"的治世思想得以实现,联合了一些朋友在长安子午镇、扶风午井镇、郿县横渠镇购置田地,规划成"井"字形,交与当地人进行耕种,这样的井田既方便耕作管理,同时又可将渠水引入田块,使得农作物产量提升很多,让百姓摆脱"无地无产"的困境,回到"田产丰饶"的盛景。张载自己也常常和耕作的农民一起,挽起裤管,手持农具,下到田里进行耕作。至今,关中地区仍有"横渠八水绕井田"的民间传说。作为"农民"的张载,不仅勤于耕作,更是节俭有余。在吕大临撰写的《横渠先生行状》中有载:"岁值大歉,至人相食,家人恶米不凿,将舂之,先生亟止之曰:'饿殍满野,虽蔬食且自愧,又安忍有择乎！'"就是这样一位理宗大儒，无时无刻不在与"生民"同甘苦、共患难。其实，这也不难理解，身在横渠的张载本就是农家子弟，农家人具备的必定是这种以耕为本的生活原则，让天下受苦的农民脱离苦海，走向幸福，就是他一生的使命。一心为农，正是张载践行誓言的必须选择。

张载去世后被埋葬在老家横渠镇大振谷迷狐岭上，当地人将其坟茔称作"仙人坟"。"仙人"一词的解释有二：一是指经过不断修炼、不断领悟，心灵境界达到某种超脱的状态，人的肉体得到升华，具备了一定的道行，可以超脱世俗；二是指无所不知、无所不能、无所不做（善的一面）的全能之人。我想，无论是哪层意思的表述，先贤张载都在其中。不仅因为先贤可以先知先觉，更重要的是，他们经历了常人所未经历的、挑战了常人认为不可能的，用心思考，也以身践行。

这就是张载，一位向"全器"精进的大儒！

二、闻状！观序！阅传！

千年以来，世人对北宋大儒、关学缔造者横渠先生张载可谓推崇备至，为其学古力行、精思道学的哲学精神和教育理念也心生敬畏，高山仰止，叹为天人！

张载曾被南宋理宗皇帝敕封为"郿伯"，并颁诏陪祀孔庙；其后，清帝爱新觉罗·玄烨授予横渠张载祠"学达性天"牌匾，以表张载的功德，因之张载在宋明理学大家中堪称一枝独秀，熠熠闪光，为宋、元、明、清学界各派推崇备至；及至民国年间，被哲学家冯友兰称为"横渠四句"，即"为天地立心，为生民立命，为往

马苏彬 著

圣继绝学，为万世开太平"的张载语录（也称作"张载四为"或"四为思想"），让这位理宗大儒不仅冠绝思想界的高地，并令更多的世人知道张载及其关学思想。至此，张载的名字誉满中华，成为丈量国人思想观和价值观的一把标尺，指导着我们的意识和行为，经世而致用。

可是，张载这样一位哲思圣贤，除在学术领域有着一定的知名度，世人对其了解并不深刻，甚至是不真实的。比如，有些人只知张载是思想家，对于他所持的观点则不甚清楚；还有研究张载的学者只将目光锁定其学术领域，对他的"气一元论""民胞物与""人性二元论""穷理尽性""格致诚正""崇德重礼"等核心思想钻研精深之至，但论及其思想的渊源和起因，却不甚了了，甚至不清楚张载曾有过长达十三年的仕途经历；就连张载故乡关中地区，这个关学的发祥之地，至今还有很多人以为横渠书院是张载当年从事启蒙教育做私塾老师的讲学之地。更搞笑的是，其家乡有人竟将他的塑像供奉起来，视其为命理大师，问其原因，对方竟然铿锵回复："难道你不知道张横渠对《周易》很有研究吗？不知道他还写了一本《横渠易说》的命理之书吗？"真是让人哭笑不得。还有人将张载创设的关学与"二程"（程颢、程颐）的洛学画上了等号，认为关学从属于洛学者更是比比皆是。

因何导致世人对张载的了解出现如此偏差？究其原因有二：一是古往今来研究和推崇张载思想的大多为学者、学人，或有着官方身份，普通百姓认为张载及其学说和自己没有关系，且张载思想及其学说观点显得深奥抽象，理解起来很是

费劲，就连流传在世的张载典籍也无非是《正蒙》《经学理窟》《横渠易说》等，都属于艰涩难懂，非专家学者解读而不能理解的"圣经"；二是对张载其人其事的史料解读太杂太偏。比如，在其去世后的两宋期间，仕子学人主要通过"二程"的《遗书》，即《河南程氏遗书》及南宋朱熹撰写的《伊洛渊源录》中获悉张载生平事迹及其学术要义。张载的事迹和思想之所以屡屡见于"二程"和朱熹的作品中，是因为张载去世后其弟子大部分都转投"二程"门下学习洛学，使得世人误以为张载学说是"二程"体系中的一部分，或源自"二程"。在南宋程、朱理学一度成为官方正统思想后，其他学说都相对沉寂，而朱熹虽然肯定了张载及其思想体系，很多时候也只是将其部分观点融入自己的学说，甚至毫不客气地将张载及其学说也归为"二程"子体系。这就给后世研究张载及其创设的关学造成了一定的影响和困难，使得张载的面目变得越发模糊，令人疑窦丛生。明清之际，有关张载及其关学的序论性典籍有数十种之多，如叙述其生平事迹的有明代冯从吾撰写的《横渠张先生传》、明代官方修订的《宋元学案·横渠学案》等，至于涉及关学思想层面的解读文献（非张载著作）更是车载斗量。知名者如南宋末年理学家魏了翁的《横渠礼记说序》、明代吕柟撰写的《嘉靖五年本横渠张子抄释序》、清朝朱轼的《康熙五十八年张子全书序》等。这些著作或序文要不是受"二程"和朱熹著作的影响，对张载生平及其思想依葫芦画瓢，未能突破既有的"圣人"观点，大有人云亦云或有失偏颇之感；要不就是受元代撰写的《宋

史·张载传》所左右，谨慎而为之，缺乏独立观点。更重要的是，无论"二程"、朱熹、元代修史的脱脱等人、明代的冯从吾，或者王夫之等人，都是远离张载生活圈子和学术视野的，就算"二程"和张载有些交际，更多的也只是各处一隅。朱熹就更不用说了，只能在字里行间靠嗅觉来发掘对张载及其学说的考究评说。在古代中国，学术上的门户派别之争和陈见之嫌是比较严重的。比如，轰动史界和学界的北宋著名的"元祐党人案"，就是以王安石为代表的"荆公学派"和以司马光为代表的"理学学派"的学术较量，只是这种斗争是通过政治的方式演变出来而已。那么，这些"听来的历史"和"抄来的思想"是否就能代表现实中的张载其人其学？所谓雾里看花，牡丹也会看成菊花，个中瑕疵不言而喻。

那么，张载身边有无直接的见证者？这个见证者又是否留下了真实可靠的文献？今人到底应以何种方式解读张载其人其事呢？

历史不会空洞无声，对圣者而言尤其如此。张载弟子、北宋理学家吕大临撰写的《横渠先生行状》和另一弟子范育撰写的《正蒙序》就是我们正确解读张载的明证。熟悉历史及关学的人都知道，吕大临是张载关学的高足，也是洛学"程门四先生"之一，可谓在理学关、洛二派中有着极其高远的威望和影响，且吕大临从1068年起跟随张载，直到1077年张载去世，足足有十年的师徒之情；吕大临还是张戬（张载弟弟）的女婿，即张载的侄女婿。而"行状"在古代中国称为"状""行状"或"行述"（也谓之"事略"），是叙述死者世系、生平、生卒年月、籍贯、事迹

的文章，常由死者的门生、故吏，或亲友撰述，留作撰写墓志，或为史官提供立传的依据。有此种种关系和"古制"做依托，《横渠先生行状》当是后世了解张载最为客观和可靠的著述。古代的行状大多简短，但《横渠先生行状》却足足有两千六百余字，这在讲求语言精练、言简意赅的古文中，绝对算是长篇大论了。状中有载："公一见知其远器，欲成就之，乃责之曰：'儒者自有名教，何事于兵！'因劝读《中庸》"及"终日危坐一室，左右简编，俯而读，仰而思，有得则识之，或中夜起坐，取烛以书，其志道精思，未始须臾息，亦未尝须臾忘也"等此类章句，几乎成了后世了解张载史事的"钦定版本"，就连《宋史·张载传》也用其词不累。若探究张载其人其事的渊源，笔者以为当以吕大临的《横渠先生行状》为准。

而论及张载的关学思想及其学术体系，则要看其另一弟子范育撰写的《正蒙序》。范育何许人也？了解相关历史的人必定知道，范育不仅是张载弟子中的佼佼者之一，也是在张载死后对其"礼德观"的继承者。范育在张载去世后也做了朝廷礼官，而且做到太常少卿的职位。此外，范育还是张载的举荐人。在古代，一般人升迁需要有比其职位高的同僚举荐，举荐人又被称为"恩师"。由此可见，范育既是张载的弟子，也是张载的恩师。《正蒙序》一文是范育对张载主要思想体系的前缀说明。作为师从张载八年之久的弟子，而且在众弟子中年龄稍长、为官较早，范育可说是在为学为官上都比一般学生更能理解张载的思想观，《正蒙序》中就有："子张子独以命世

之宏才，旷古之绝识，参之以博闻强记之学，质之以稽天穷地之思，与尧、舜、孔、孟合德乎数千载之间。"这样的描述为后世在评价张载时立了标杆，定了大位。若非范育这样的弟子，谁又能敢如此大放"轻率之语"："浮屠以心为法，以空为真，故正蒙辟之以天理之大，又曰：'知虚空即气，则有无、隐显、神化、性命通一无二。'老子以无为为道，故正蒙辟之曰：'不有两则无一。'至于谈死生之际，曰'轮转不息，能脱是者则无生灭'，或曰'久生不死'，故正蒙辟之曰：'太虚不能无气，气不能不聚而为万物，万物不能不散而为太虚。'"如此文字将一代宗师的哲学思想观和朴素的唯物论尽展无遗。试想，若此文是张载再传弟子或后世大贤的隔空喊话，又怎能气势滂沱地表达圣者的春秋伟愿呢？正可谓"不在其内，怎表其里"，范育的《正蒙序》正是先贤大儒张载的思想精华之浓缩。

依据吕大临的《横渠先生行状》能洞察张载波澜壮阔的跌宕人生和恢宏事迹，而范育的《正蒙序》则是张载博大思想和唯物世界观的提炼总结，为后世研读张子思想者提供了点睛之笔。所谓，"闻状"识张载，"观序"懂关学。然而，历史自有它的规矩和权威，在博闻张载及其关学思想时，我们不能绕过官方正史。尽管《宋史·张载传》存在不甚全面和不甚深入的一面，但作为"以史为鉴"的官修传记，这种高度和平台必定是不可或缺的。只是作为关注张载及其关学的有心者，用闻状、观序、阅传的胸襟来解读张子及其学说，自然就走进了圣贤的思想境界。

为便于读者比附阅览，笔者以时间为序，将
《横渠先生行状》《正蒙序》及《宋史·张载传》
三篇原文辑入附录，以飨读者。

肆　附录

一、《横渠先生行状》

宋·吕大临

先生讳载，字子厚，世大梁人。曾祖某，生唐末，历五代不仕，以子贵赠礼部侍郎。祖复，仕真宗朝，为给事中、集贤院学士，赠司空。父迪，仕仁宗朝，终于殿中丞、知涪州事，赠尚书都官郎中。涪州卒于西官，诸孤皆幼，不克归，侨寓于凤翔郿县横渠镇之南大振谷口，因徙而家焉。

先生嘉祐二年登进士第，始仕祁州司法参军，迁丹州云严县令，又迁著作佐郎，签书渭州军事判官公事。熙宁二年冬被召入对，除崇文院校书。明年移疾。十年春复召还馆，同知太常礼院。是年冬谒告西归。十有二月乙亥，行次临潼，卒于馆舍，享年五十有八。是月以其丧归殡于家，卜以元丰元年八月癸酉葬于涪州墓南之兆。先生娶南阳郭氏，有子曰因，尚幼。

先生始就外傅，志气不群，知虔奉父命，守不可夺，涪州器之。少孤自立，无所不学。与邠人焦寅游，寅喜谈兵，先生说其言。当康定用兵时，年十八，慨然以功名自许，上书谒范文正公。公一见知其远器，欲成就之，乃责之曰："儒者自有名教，何事于兵！"因劝读《中庸》。先生读其书，虽爱之，犹未以为足也，于是又访诸释老之书，累年尽究其说，知无所得，反而求之六经。嘉祐初，见洛阳程伯淳、正叔昆弟于京师，共语道学之要，先生涣然自信曰："吾道自

足，何事旁求！"乃尽弃异学，淳如也。间起从仕，日益久，学益明。

方未第时，文潞公以故相判长安，闻先生名行之美，聘以束帛，延之学官，异其礼际，士子矜式焉。其在云岩，政事大抵以敦本善俗为先，每以月吉具酒食，召乡人高年会于县庭，亲为劝酬，使人知养老事长之义，因问民疾苦及告所以训戒子弟之意。有所教告，常患文檄之出不能尽达于民，每召乡长于庭，谆谆口谕，使往告其里闾。间有民因事至庭或行遇于道，必问"某时命某告某事闻否"，闻即已，否则罪其受命者。故一言之出，虽愚夫孺子无不预闻知。京兆王公乐道尝延致郡学，先生多教人以德，从容语学者曰："孰能少置意科举，相从于尧舜之域否？"学者闻法语，亦多有从之者。在渭，渭帅蔡公子正特所尊礼，军府之政，小大咨之，先生夙夜从事，所以赞助之力为多。并塞之民常苦乏食而贷于官，帑不能足，又属霜旱，先生力言于府，取军储数十万以救之。又言戍兵徒往来，不可为用，不若损数以募土人为便。

上嗣位之二年，登用大臣，思有变更，御史中丞吕晦叔荐先生于朝曰："张载学有本原，四方之学者皆宗之，可以召对访问。"上即命召。既入见，上问治道，皆以渐复三代为对。上悦之，曰："卿宜日见二府议事，朕且将大用卿。"先生谢曰："臣自外官赴召，未测朝廷新政所安，愿徐观旬月，继有所献。"上然之。他日见执政，执政尝语曰："新政之更，惧不能任事，求助于子何如？"先生对曰："朝廷将大有为，天下之士愿与下风。若与人为善，则孰敢不尽！如教

玉人追琢，则人亦故有不能。"执政默然，所语多不合，浸不悦。既命校书崇文，先生辞，未得谢，复命案狱浙东。或有为之言曰："张载以道德进，不能使之治狱。"执政曰："淑问如皋陶，犹且献囚，此庸何伤！"狱成，还朝。会弟天祺以言得罪，先生益不安，乃谒告西归，居于横渠故居，遂移疾不起。

横渠至僻陋，有田数百亩以供岁计，约而能足，人不堪其忧，而先生处之益安。终日危坐一室，左右简编，俯而读，仰而思，有得则识之，或中夜起坐，取烛以书，其志道精思，未始须臾息，亦未尝须臾忘也。学者有问，多告以知礼成性变化气质之道，学必如圣人而后已，闻者莫不动心有进。又以为教之必能养之然后信，故虽贫不能自给，苟门人之无赀者，虽粝蔬亦共之。其自得之者，穷神化，一天人，立大本，斥异学，自孟子以来，未之有也。尝谓门人曰："吾学既得于心，则修其辞命，辞无差，然后断事，断事无失，吾乃沛然。精义入神者，豫而已矣。"

近世丧祭无法，丧惟致隆三年，自期以下，未始有衰麻之变；祭先之礼，一用流俗节序，燕亵不严。先生继遭期功之丧，始治丧服，轻重如礼；家祭始行四时之荐，曲尽诚洁。闻者始或疑笑，终乃信而从之，一变从古者甚众，皆先生倡之。

先生气质刚毅，德盛貌严，然与人居，久而日亲。其治家接物，大要正己以感人，人未之信，反躬自治，不以语人，虽有未喻，安行而无悔，故识与不识，闻风而畏，非其义也，不敢以一毫及之。其家童子，必使洒扫应对，给侍长

者；女子之未嫁者，必使亲祭祀，纳酒浆，皆所以养孙弟，就成德。尝曰事亲奉祭，岂可使人为之！闻人之善，喜见颜色。答问学者，虽多不倦，有不能者，未尝不开其端。其所至必访人才，有可语者，必丁宁以诲之，惟恐其成就之晚。岁值大歉，至人相食，家人恶米不凿，将舂之，先生亟止之曰："饿殍满野，虽蔬食且自愧，又安忍有择乎！"甚或咨嗟对案不食者数四。

熙宁九年秋，先生感异梦，忽以书属门人，乃集所立言，谓之正蒙，出示门人曰："此书予历年致思之所得，其言殆于前圣合与！大要发端示人而已，其触类广之，则吾将有待于学者。正如老木之株，枝别固多，所少者润泽华叶尔。"又尝谓："春秋之为书，在古无有，乃圣人所自作，惟孟子为能知之，非理明义精殆未可学。先儒未及此而治之，故其说多穿凿，及诗书礼乐之言，多不能平易其心，以意逆志。"方且条举大例，考察文理，与学者绪正其说。

先生慨然有意三代之治，望道而欲见。论治人先务，未始不以经界为急，讲求法制，粲然备具，要之可以行于今，如有用我者，举而措之尔。尝曰："仁政必自经界始。贫富不均，教养无法，虽欲言治，皆苟而已。世之病难行者，未始不以亟夺富人之田为辞，然兹法之行，悦之者众，苟处之有术，期以数年，不刑一人而可复，所病者特上未之行尔。"乃言曰："纵不能行之天下，犹可验之一乡。"方与学者议古之法，共买田一方，画为数井，上不失公家之赋役，退以其私正经界，分宅里，立敛法，广储蓄，兴学校，成礼俗，救灾恤患，敦本抑末，足以推先王之遗

法，明当今之可行。此皆有志未就。

会秦凤帅吕公荐之曰："张载之学，善法圣人之遗意，其术略可措之以复古，乞召还旧职，访以治体。"诏从之。先生曰："吾是行也，不敢以疾辞，庶几有遇焉。"及至都，公卿闻风慕之，然未有深知先生者，以所欲言尝试于人，多未之信。会有言者欲请行冠婚丧祭之礼，诏下礼官。礼官安习故常，以古今异俗为说，先生独以为可行，且谓"称不可非儒生博士所宜"，众莫能夺，然议卒不决。郊庙之礼，礼官预焉。先生见礼不致严，亟欲正之，而众莫之助，先生益不悦。会有疾，谒告以归，知道之难行，欲与门人成其初志，不幸告终，不卒其愿。

殁之日，惟一甥在侧，囊中索然。明日，门人之在长安者，继来奔哭致赙襚，始克敛，遂奉柩归殡以葬。又卜以三月而葬，其治丧礼一用古，以终先生之志。

　　某惟先生之学之至，备存于书，略述于谥议矣，然欲求文以表其墓，必得行事之迹，敢次以书。

　　　　　　　　　　　撰于1079年，选自《张载集》

二、《正蒙序》

宋·范育

子张子校书崇文，未伸其志，退而寓于太白之阴，横渠之阳，潜心天地，参圣学之源，七年而道益明，德益尊，著正蒙书数万言而未出也，间因问答之言，或窥其三。熙宁丁巳岁，天子召以为礼官，至京师，予始受其书而质问焉。其年秋，夫子复西归，殁于骊山之下，门人遂出其书，传者浸广，至其疑义独无从取正，十有三年于兹矣。痛乎微言之将绝也！

友人苏子季明离其书为十七篇以示予。昔者夫子之书盖未尝离也，故有"枯株晬盘"之说，然斯言也，岂待好之者充且择欤？特夫子之所居也。今也离而为书，以推明夫子之道，质万世之传，予无加损焉尔。

惟夫子之为此书也，有六经之所未载，圣人之所不言，或者疑其盖不必道。若清虚一大之语，适将取訾于末学，予则异焉。

自孔孟没，学绝道丧千有余年，处士横议，异端间作，若浮屠老子之书，天下共传，与六经并行。而其徒侈其说，以为大道精微之理，儒家之所不能谈，必取吾书为正。世之儒者亦自许曰"吾之六经未尝语也，孔孟未尝及也"，从而信其书，宗其道，天下靡然同风，无敢置疑于其间，况能奋一朝之辩，而与之较是非曲直乎哉！

子张子独以命世之宏才，旷古之绝识，参之以博闻强记之学，质之以稽天穷地之思，与尧、

舜、孔、孟合德乎数千载之间。闵乎道之不明，斯人之迷且病，天下之理泯然其将灭也，故为此言与浮屠老子辩，夫岂好异乎哉？盖不得已也。

浮屠以心为法，以空为真，故正蒙辟之以天理之大，又曰："知虚空即气，则有无、隐显、神化、性命通一无二。"老子以无为为道，故正蒙辟之曰："不有两则无一。"至于谈死生之际，曰"轮转不息，能脱是者则无生灭"，或曰"久生不死"，故正蒙辟之曰："太虚不能无气，气不能不聚而为万物，万物不能不散而为太虚。"夫为是言者，岂得已哉！

使二氏者真得至道之要、不二之理，则吾何为纷纷然与之辩哉？其为辩者，正欲排邪说，归至理，使万世不惑而已。使彼二氏者，天下信之，出于孔子之前，则六经之言有不道者乎？孟子常勤勤辟杨朱墨翟矣，若浮屠老子之言闻乎孟子之耳，焉有不辟之者乎？故予曰正蒙之言不得已而云也。

呜呼！道一而已，互万世，穷天地，理有易乎是哉！语上极乎高明，语下涉乎形器，语大至于无间，语小入于无朕，一有窒而不通，则于理为妄。故正蒙之言，高者抑之，卑者举之，虚者实之，碍者通之，众者一之，合者散之。要之立乎大中至正之矩。天之所以运，地之所以载，日月之所以明，鬼神之所以幽，风云之所以变，江河之所以流，物理以辨，人伦以正，造端者微，成能者著，知德者崇，就业者广，本末上下贯乎一道，过乎此者淫遁之狂言也，不及乎此者邪诐之卑说也。推而放诸有形而准，推而放诸无形而准，推而放诸至动而准，推而放诸至静而准，无

不包矣，无不尽矣，无大可过矣，无细可遗矣，言若是乎其极矣，道若是乎其至矣，圣人复起，无有间乎斯文矣。

元祐丁卯岁，予居太夫人忧，苏子又以其书属余为之叙，泣血受书，三年不能为一辞，今也去丧而不死，尚可不为夫子言乎？虽然，爝火之微，培塿之尘，恶乎助太阳之光而益太山之高乎？盖有不得默乎云尔，则亦不得默乎云尔。

门人范育谨序。

撰于1090年，选自《张载集·正蒙·横渠易说》

三、《宋史·张载传》

元·脱脱等

张载，字子厚，长安人。少喜谈兵。至欲结客取洮西之地。年二十一，以书谒范仲淹，一见知其远器，乃警之曰："儒者自有名教可乐，何事于兵。"因劝读《中庸》。载读其书，犹以为未足，又访诸释、老，累年究极其说，知无所得，反而求之《六经》。尝坐虎皮讲《易》京师，听从者甚众。一夕，二程至，与论《易》，次日语人曰："比见二程，深明《易》道，吾所弗及，汝辈可师之。"撤坐辍讲。与二程语道学之要，涣然自信曰："吾道自足，何事旁求。"于是尽弃

异学，淳如也。

举进士，为祈州司法参军，云岩令。政事以敦本善俗为先，每月吉，具酒食，召乡人高年会县庭，亲为劝酬。使人知养老事长之义，因问民疾苦，及告所以训戒子弟之意。熙宁初，御史中丞吕公著言其有古学，神宗方一新百度，思得才哲士谋之，召见问治道，对曰："为政不法三代者，终苟道也。"帝悦，以为崇文院校书。他日见王安石，安石问以新政，载曰："公与人为善，则人以善归公；如教玉人琢玉，则宜有不受命者矣。"明州苗振狱起，往治之，末杀其罪。

还朝，即移疾屏居南山下，终日危坐一室，左右简编，俯而读，仰而思，有得则识之，或中夜起坐，取烛以书。其志道精思，未始须臾息，亦未尝须臾忘也。敝衣蔬食，与诸生讲学，每告以知礼成性、变化气质之道，学必如圣人而后已。以为知人而不知天，求为贤人而不求为圣人，此秦、汉以来学者大蔽也。故其学尊礼贵德、乐天安命，以《易》为宗，以《中庸》为体，以《孔》《孟》为法，黜怪妄，辨鬼神。其家昏丧葬祭，率用先王之意，而傅以今礼。又论定井田、宅里、发敛、学校之法，皆欲条理成书，使可举而措诸事业。

吕大防荐之曰："载之始终，善发明圣人之遗旨，其论政治略可复古。宜还其旧职，以备谘访。"乃诏知太常礼院。与有司议礼不合，复以疾归，中道疾甚，沐浴更衣而寝，旦而卒。贫无以敛，门人共买棺奉其丧还。翰林学士许将等言其恬于进取，乞加赠恤，诏赐馆职半赙。

载学古力行，为关中士人宗师，世称为横渠

先生。著书号《正蒙》，又作《西铭》曰：乾称父而坤母，予兹藐焉，乃混然中处。故天地之塞吾其体，天地之帅吾其性，民吾同胞，物吾与也。大君者，吾父母宗子；其大臣，宗子之家相也。尊高年所以长其长，慈孤幼所以幼其幼，圣其合德，贤其秀也。凡天下疲癃残疾、惸独鳏寡，皆吾兄弟之颠连而无告者也。"于时保之"，子之翼也。"乐且不忧"，纯乎孝者也。违曰悖德，害仁曰贼，济恶者不才，其践形惟肖者也。知化则善述其事，穷神则善继其志，不愧屋漏为无忝，存心养性为匪懈。恶旨酒，崇伯之子顾养；育英材，颍封人之锡类。不弛劳而底豫，舜其功也；无所逃而待烹，申生其恭也。体其受而归全者，参乎；勇于从而顺令者，伯奇也。富贵福泽，将厚吾之生也；贫贱忧戚，庸玉女于成也。存，吾顺事；殁，吾宁也。

程颐尝言："《西铭》明理一而分殊，扩前圣所未发，与孟子性善养气之论同功，自孟子后盖未之见。"学者至今尊其书。

嘉定十三年，赐谥曰明公。淳祐元年封郿伯，从祀孔子庙庭。弟戬。

撰于1343—1345年

后 记

　　张载思想及其关学文化博大精深，其蕴含的哲思义理广袤而深邃，而我对先生的史事及道统脉络的研究颇为粗浅，且浮于表相，从高屋建瓴的角度讲，作为文化读本的《张横渠传》必定多有不足。

　　思想即情怀，且是无上大爱。

　　前行路上不能丢了情怀，你我携手，一同讲好张载故事！

　　向张子思想致敬！

马苏彬

2019年9月12日于广州